I0111526

ÉTUDES DE PHILOSOPHIE NATURELLE

N° 9

LE

SYSTÈME DU MONDE

EN

QUATRE MOTS

PAR

J.-ÉMILE FILACHOU

Docteur ès-Lettres.

Conclusit enim Deus omnia in incredulitate.
ROM. XI. 32.

Dieu a tout encadré dans l'incrédulité.

MONTPELLIER

TYPOGRAPHIE ET LITHOGRAPHIE DE BOEHM ET FILS

PLACE DE L'OBSERVATOIRE

1873

En Vente chez SEGUIN, Libraire

rue Argenterie, 25, à Montpellier

OUVRAGES DU MÊME AUTEUR

Examen de la rationalité de la Doctrine Catholique. 1 vol. in-8º. 1849.

La clef de la Philosophie ou la vérité sur l'Être et le Devenir. 1 vol in-8º. 1851.

Traité des Facultés. 1 vol. in-8º. 1859.

De Categoriis. Dissertatio philosophica. 1 vol. in-8º. 1859.

Principes fondamentaux de Philosophie mathématique. 1 vol. in-8º. 1860.

De la pluralité des mondes. 1 vol. in-12. 1861.

Traité des Actes, Sommaire de Métaphysique. 1 vol. in-12. 1862.

ÉTUDES DE PHILOSOPHIE NATURELLE.

Nº 1. Système des trois règnes de la nature. 1 vol. in-12. 1864.

Nº 2. Réponse directe à M. Renan, ou démonstration philosophique de l'incarnation. 1 vol. in-12. 1864.

Nº 3. De l'expérience de Monge au double point de vue expérimental et rationnel. 1 vol. in-12. 1869 (3º édition).

Nº 4. De l'ordre et du mode de décomposition de la lumière par les prismes. 1 vol. in-12. 1870.

Nº 5. De l'ordre et du mode de décomposition de la lumière par les prismes ; Nouvelles preuves à l'appui. 1 vol. in-12. 1872.

Nº 6. Sens et rationalité du dogme eucharistique. 1 vol. in-12. 1872.

Nº 7. Démonstration psychologique et expérimentale de l'existence de Dieu. 1 vol. in-12. 1878.

Nº 8. De l'ordre et du mode de décomposition de la lumière par les bords minces. 1 vol. in-12.

Montpellier. — Typogr. BOEHM et FILS.

ÉTUDES DE PHILOSOPHIE NATURÉLLE

N° 9

LE
SYSTÈME DU MONDE

EN

QUATRE MOTS

POUR PARAITRE PROCHAINEMENT:

N° 10. Classification raisonnée des sciences naturelles.
1 vol. in-12.

ÉTUDES DE PHILOSOPHIE NATURELLE

N° 9

LE

SYSTÈME DU MONDE

EN

QUATRE MOTS

PAR

J.-ÉMILE FILACHOU

Docteur ès-Lettres.

Conclusit enim Deus omnia in incredulitate.
Rom. XI, 32.

Dieu a tout encadré dans l'incrédulité.

———

MONTPELLIER

TYPOGRAPHIE ET LITHOGRAPHIE DE BOEHM ET FILS

PLACE DE L'OBSERVATOIRE

1873

1874

AVANT-PROPOS

Enfin, le but de nos études est atteint: il nous est aujourd'hui donné d'offrir au lecteur une sorte de canevas, fruit de recherches assidues, où, sous une forme condensée, mais éminemment rationnelle et radicalement expérimentale, on peut voir tous les éléments préparatoires d'une classification naturelle exposés, séparés ou rapprochés avec la certitude et la clarté désirables en ces matières.

Sans doute, en y touchant à peu près à tout, nous ne pouvons rien — nous ne dirons pas — achever, mais seulement esquisser. Cependant, si ce Livre n'est pas une moisson, il est au moins une semence bonne, vraie, vivante, qui peut, en de meilleures mains, produire la plus belle et la plus abondante récolte.

Avant d'observer la lune à l'aide de puissants télescopes, ne l'a-t-on pas observée longtemps à l'œil nu, capable à peine de percevoir, à la surface de cet astre, aplati, quelques faibles linéaments de

creux ou de relief?.. Le tableau que nous offrons au
public est, de même, comme une simple miniature;
mais nous la croyons au moins exacte et fidèle, et
peut-être avons-nous quelque mérite en cela, puisque, avant nous, nul ne paraît avoir eu la chance
ou la pensée d'en faire autant.

Du reste, quelqu'un aurait-il envie de nous con-
tester ici la priorité, nous ne nous y opposons pas;
mais l'épreuve est facile : qu'on achève d'appliquer
le système ou qu'on le complète!... La reconnais-
sance d'une heureuse coïncidence d'idées avec
autrui ne nous déplairait point ; et, dans le refus
de l'épreuve proposée, nous verrons, au contraire,
l'aveu qu'on nous laisse le champ libre et convient
de nos droits.

Cassagnoles, ce 26 mai 1873.

LE
SYSTÈME DU MONDE
EN
QUATRE MOTS

~~~

1. Donnant au Monde toute l'extension exprimée par le mot *univers*, et le considérant d'ailleurs
comme un et lié dans toutes ses parties, nous
n'entendons point exposer ici seulement le système, ou du monde céleste des astronomes, ou
du monde terrestre des géologues, ou du monde
moral des théologiens,... mais celui de tous ces
mondes à la fois, et nous ne nous proposons
ainsi rien moins que la recherche et l'indication
des principes les plus élevés ou les plus profonds
de la Science humaine. Dans cette difficile entre-
prise, deux idées surtout nous encouragent ou nous

guident : l'une est l'idée religieuse exprimée par l'Apôtre, que le cadre général des choses ou des êtres est l'incrédulité ; l'autre est l'idée rationnelle de l'intrinsèque liaison et vérité des termes essentiels de la Connaissance impliqués par la Méthode philosophique dont nous nous sommes constitué jusqu'à ce jour le défenseur. Quand, en effet, l'Apôtre nous montre tout renfermé dans l'Incrédulité, son intention n'est point assurément de nous dire que, comme l'Incrédulité se rejette d'elle-même en dehors et autour de la Foi, dont elle abandonne un à un tous les dogmes, de même elle circonscrit extérieurement du même coup la Science ou la Nature, qui ne sont point avec elle en rapport direct ; mais seulement que, comme l'Incrédulité limite par ses répulsions la Foi, de même la Négation, dont elle se fait par cette conduite le symbole parfait, limite la science circonvenue par l'erreur, ou la Nature entourée par l'impuissance ou le vide, et qu'ainsi c'est bien toujours là où la Force positive expire, comme elle expire dans l'Incrédulité, que se trouve l'enveloppe ou le cadre des êtres et des événements. Mais, si vraiment la Négation forme l'enveloppe du Monde réel, la partie réelle et centrale en est manifestement, ou la Foi, d'une part, ou tout ce qu'il y a d'également affirmatif dans la Science ou la Nature, de l'autre, et, par suite, les principes de la Nature ou de la Science étant une fois présupposés connus au moyen de ceux de la Foi rationnellement interprétée, rien ne doit être plus aisé que de dérouler comme une carte, dans ses éléments principaux au moins, tout l'objet du savoir.

En même temps que nous sommes soutenu dans notre travail par les deux idées dont nous venons de donner un aperçu, nous avons encore le cœur net sur la marche à suivre; car, entre les deux Méthodes *analytique* et *synthétique* connues et pratiquées dans la science, nous ne saurions désormais hésiter un seul instant sur la plus convenable ou la meilleure en cette circonstance. Car, à qui la méthode analytique pourrait-elle convenir, sinon à l'investigateur novice qui ne sait rien ou doute de tout, et par conséquent se contente d'abord de réunir et de comparer entre eux les divers éléments empiriques de la connaissance, avant de songer à s'élever plus tard, non sans peine ni fréquentes méprises involontaires, à des principes sûrs et lumineux? Or, telle n'est point, croyons-nous, notre position actuelle. Au lieu d'avoir à rechercher la science à la façon d'un aveugle qui chercherait la lumière, nous sommes au contraire déjà (sauf complète illusion de notre part) muni de ces principes sûrs et lumineux, sans l'assistance au moins partielle desquels on ne concevrait point d'ailleurs qu'il fût possible de jamais arriver au savoir; et par conséquent ce n'est point à nous folle témérité, mais noble et légitime envie de tâcher, par leur remaniement, d'en former l'édifice de la science universelle, et de construire en quelque sorte par ce moyen l'univers.

Justement jaloux de se précautionner contre les écueils toujours dangereux et souvent funestes de la synthèse, le lecteur circonspect ne manquera point de nous demander où nous prétendons puiser nos arguments et nos preuves; mais sur cette question, comme sur les précédentes, nous savons encore d'avance à quoi nous en tenir : nous trouverons nos preuves dans la conscience humaine et l'évidence. Si tout ce que nous dirons

contredit le moindre fait d'expérience sensible
ou la moindre loi de la raison naturelle, nous
voulons qu'on le rejette aussitôt comme faux et
chimérique, et cette déclaration nous semble
être la meilleure manière d'attester notre sin-
cère volonté de n'admettre que des preuves irré-
cusables ou des principes patents en rapport avec
les questions soulevées ou les réponses à faire.

2. Néanmoins, comme on ne saurait tout dire
à la fois, et que l'éparpillement des idées pourrait
laisser subsister dans l'esprit une obscurité regret-
table, afin d'aider à mieux saisir l'ensemble ou le fil
du système. nous anticiperons un moment sur ce
qui doit suivre, et nous placerons ici sans démonstration préalable, sous les yeux du lecteur, un
tableau sommaire de notre exposition systéma-
tique. Ce tableau, dans lequel on peut remarquer
que les termes de chaque section vont en crois-
sant au fur et à mesure de la successive intervention des sections elles-mêmes (c'est-à-dire que
la première section se compose d'un seul terme,
la seconde de deux, la troisième de trois,...) est
le suivant :

CONCEPTS

I.	II.	III.	IV.
TERME.	— FACTEUR.	— FOYER.	— CENTRE.

I. Terme : Un *Genre*, l'activité absolue. Par ex. : l'Être divin, sujet-objet.

II. Facteur : *Deux espèces* d'activité relative....
{ l'agressive. la passive. } Par ex. : { l'homme. la femme. }

III. Foyer : *Trois individualités* indépendamment actives.........
{ la radicale. la finale. la moyenne. } Par ex. : { le sens. l'intellect. l'esprit. }

IV. Centre : *Quatre objectivités* centrales.........
{ la réelle. la formelle. la virtuelle. l'imaginaire. } Par ex. : { le cercle. l'ellipse. la parabole. l'hyperbole. }

Ce tableau peut être l'objet de quelques remarques immédiates. Il est d'abord utile de considérer quels rapports existent entre les quatre concepts précédents pris un à un ou deux à deux. Leur distribution deux à deux résulte évidemment de ce qu'ils sont empruntés, les deux premiers à l'algèbre, les deux derniers à la mécanique; et par là l'on peut aussi concevoir que les deux premiers sont respectivement *abstraits* et les deux derniers *concrets*; effectivement, les notions de *terme* et de *facteur* sont plus communes que celles de *foyer* et de *centre*, mais elles sont aussi par là-même plus vagues ou moins déterminées. Considérant les mêmes termes deux à deux sous un autre aspect, et remarquant que les deux premiers sont toujours nécessairement impliqués par les deux derniers intervenant alors, non pour les suppléer, mais pour les revêtir en quelque sorte de déterminations complémentaires, on peut dire encore que les deux premiers sont aux deux derniers dans le rapport de l'*interne* à l'*externe*; mais cette nouvelle opposition ne nous semble avoir ni l'importance ni la rigueur de la précédente. Pris un à un, les mêmes termes ne s'opposent plus de couple à couple, mais dans leur couple respectif: ainsi, sous ce nouvel aspect, *terme* s'oppose à *facteur*, *foyer* s'oppose à *centre*, et les caractères des éléments ainsi comparés singulièrement sont ceux d'*actif* et de *passif*. Effectivement les deux notions de *terme* et de *centre* se passent de toute manifestation d'activité, quand celles de *facteur* et de *foyer* en dérivent. Cependant, quelle que soit l'exactitude de cette dernière observation, il ne faudrait pas oublier qu'elle n'implique aucune immobilité dans le rôle des éléments une fois employés spécialement sous ces diverses formes, car rien n'est plus réversible que les notes d'actif et de passif au sein d'une activité radicale absolue, nécessairement variable.

Ces premières remarques sur le tableau précédent sont maintenant trop générales pour avoir pu paraître seulement effleurer notre sujet. Voulant aller au fond des choses, nous devons alors reprendre un à un tous les concepts énumérés, et, les étudiant ainsi séparément, en montrer toute la signification d'un côté, toute la portée de l'autre. C'est ce que nous allons faire dans les paragraphes suivants.

5. Le premier concept est celui de *terme*. Sous lui, nous avons d'abord classé les deux idées de *genre* et d'*unité* comme inséparables. Puis, nous avons donné pour exemple l'Être divin, sujet et objet tout ensemble, ou bien conscience absolue sans limite ni fin.

De prime abord, il est évident, par cette courte description du premier concept appelé *terme*, qu'il n'y a point de terme qui n'implique en lui-même *facteur*, *foyer* et *centre*, en un mot tout le tableau ; mais pourtant, l'envisager ainsi du premier coup, ce serait confondre toutes ces notions, et, pour ne pas les confondre, il ne faut que l'envisager en quelque sorte alors du dehors et comme un simple fait ou pur acte donné, distinct, relativement fixe. Et, dans ces conditions, il est encore un fait idéal, *abstrait*: néanmoins, en qualité de fait, il dure ou flue, mais il flue de lui-même. Il est donc à la fois objet et sujet, principe et fin ; ou mieux, il est l'activité même, à la fois permanente et variable sous sa forme la plus nette, celle de *présent*. Car, comme on ne l'ignore pas, le présent perpétuel est seul réel entre l'avenir et le passé constamment imaginaires ; et, parce que le présent s'interpose ainsi comme limite réelle et commune indivisible entre ces deux imaginaires, l'activité radicale est, de même, abstraction faite de toutes fonctions ultérieures ou possibles, un Terme unique mais général, une limite absolue.

Voulons-nous maintenant, sans sortir de la vérité, nous dépeindre cette Activité sous une forme aussi pittoresque qu'exacte : nous pouvons nous la représenter comme un courant longitudinal sans origine ni fin, et dès-lors subsistant seulement en manière de ligne ou de fil infiniment délié, déroulé dans le seul sens de sa longueur, sans même exister jamais ailleurs qu'aux moment et lieu précis où il se pose. Ainsi réduite constamment en un seul point, elle est incontestablement un acte *élémentaire*; ne faisant rien ou ne produisant rien tant qu'elle se contente ainsi de se perpétuer ou d'exister, elle est encore incontestablement *passive* : donc elle est *terme*. Mais, d'un autre côté, ce terme est incessamment gros d'avenir ou de passé, puisqu'il n'a ni commencement ni fin; il est de même incessamment gros ou plein de puissance extensive ou de force intensive, puisqu'il n'en emploie jamais pour lui-même qu'un élément infinitésimal. Donc il est intellectuellement ou virtuellement *infini*. C'est par conséquent l'acte divin.

Supposons, après cela, que ce même Acte se détermine n'importe comment : peut-il perdre ou gagner? Il peut perdre et gagner à la fois ; bien plus, il le doit. En effet, il est impossible d'admettre que la *force vive* ne se conserve inaltérable[1] ; mais ou la *forme* ou la *quantité du mouvement* effectué peuvent varier, et, ce qu'alors l'une de ces deux choses perd, il est inévitable que l'autre le gagne, ou réciproquement. Or, dans cette hypothèse, il est inévitable aussi que l'Acte soit ou devienne alternativement (par état) plus grand ou plus petit que lui-même pris en deux moments consécutifs, c'est-à-dire qu'il contracte au milieu de ses changements quelque

---

[1] L'idée de Création implique bien la possibilité d'une émission de forces vives *quelconques*, mais elle n'exclut point l'*immanence* de pareils systèmes de forces une fois réalisés, sauf anéantissement et remplacement absolus ; comme ce serait le cas s'il plaisait au Créateur de changer, par exemple, une Parabole en Ellipse, etc.

détermination différentielle et descende par conséquent au rang d'*espèce*. Donc, en lui-même,
il est d'abord exclusivement un et général. Ainsi,
voilà ce qu'est en définitive un *terme*, quand
rien ne vient encore en surcharger ou compli-
quer l'idée : il est un *élément*. Et l'élément par
excellence ou le type élémentaire est l'acte infinitésimal de l'activité divine ou radicale, toujours
d'autant plus puissante que, en ou pour elle-
même, elle consume ou s'use moins.

4. Le premier concept, ou le Terme, vient de
nous permettre de nous orienter en quelques
mots sur les lois les plus générales de la Mécanique rationnelle; le deuxième concept, ou le
Facteur, va de même nous fournir l'occasion de
rappeler ou de mettre à jour les lois les plus
générales de la Cinématique ou Dynamique interne. Deux notions principales se rattachent à ce
nouveau concept; ces deux notions sont : celle
même de *facteur*, qu'il importe de considérer à
part, et celle d'*espèce*.

L'idée de *facteur*, prise à part, est à celle de
terme comme celle de *force* est à celle de *matière*.

On associe donc terme à facteur, absolument comme l'on associe matière à force ; et l'on a dans ce cas, comme l'on sait, M désignant la matière, et V la force, le produit $M \times V = MV$.

Mais là, pour avoir l'idée pure de facteur, nous venons de nous contenter d'associer *facteur* et terme. Admet-on double rôle des deux côtés, ou bien attribue-t-on en plus au facteur le rôle de terme, ainsi qu'au terme le rôle de facteur : on se place de suite, au moyen de la réciprocité présupposée, dans le cas de la superposition des vitesses, et l'on a des produits composés, tels que (en cas d'inégalité) $MV \times MV$, ou bien (en cas d'égalité) M^2V^2. Et de là on arrive sans peine au principe du parallélogramme des forces particulièrement applicable toutes les fois que deux forces animant un même mobile ne suivent pas la même direction et sont par là-même distinctes en principe. Car, distinctes en principe elles restent forcément toujours distinctes, alors même qu'elles concourent ; c'est pourquoi l'effet commun n'en est pas un ni ne s'appelle *produit*, mais résultante. Si les deux forces animant leur terme respectif étaient telles qu'elles pussent servir, chacune, de terme ou de mobile à l'autre, elles ressembleraient évidemment aux astres s'attirant l'un l'autre par couples en raison directe du produit des masses et inverse du carré des distances; et le produit de leur concours, signe de leur identité radicale, serait conforme à l'effet potentiel de tout à l'heure M^2V^2. Alors le cas serait le même que si l'on avait *une* force commune (double) et *deux* termes distincts.

Mais les forces ou les vitesses peuvent n'être pas seulement distinctes; elles peuvent être encore, les unes *constantes*, c'est-à-dire intensivement renouvelables et par là-même équivalemment infinies; les autres *non constantes*, c'est-à-dire épuisables ou finies. On conçoit aisément l'iné-puisabilité des premières par l'exemption de tout exercice consomptif ou par renouvellement continuel. N'existe-t-il point de cause de rénovation incessante, et la force présupposée finie trouve-t-elle sur sa route un milieu résistant tel que l'air, ou bien fait-elle (comme on a coutume de dire) un chemin proportionnel à sa valeur : alors elle doit finir, comme finit la détente d'un ressort à l'état de déroulement entier;

et la diminution de vitesse suit la loi du mouvement hyperbolique décroissant.

Comme nous l'avons déjà dit, le rapport entre facteur et terme est le même qu'entre force et matière. Si par hypothèse *une* force est de nature à mouvoir *un* atome de matière, il faudra naturellement *deux* forces semblables pour mouvoir *deux* atomes semblables, etc.; mais si par hasard il arrivait qu'*une* force donnée trouvât devant elle *un* atome exempt de tout engagement antérieur ou radicalement libre, cette force, s'en emparant alors impunément, resterait en état, sans recevoir d'accroissement, d'en entraîner à sa suite une *infinité* d'autres de même condition. C'est ainsi que, si l'on suppose en parfait équilibre, sur une fine lame d'acier, d'une part deux poids très-considérables, et d'autre part deux poids insignifiants, la même faible main d'un enfant qui pourra faire osciller l'un de ces ensembles mouvra l'autre; c'est encore ainsi qu'il est aussi facile à l'homme de remuer le bras entier qu'un seul doigt de la main, à un général d'armée de faire marcher un régiment qu'un seul homme, etc.

Ces principes sur l'épuisement ou le maintien

des forces, dont on ne tient pas habituellement
compte, ont l'avantage de rendre bien sensible
le besoin de la *grâce* et la possibilité des *miracles*.
D'abord, il est manifeste qu'il n'y a point de *terme*
fini dépositaire ou détenteur *naturel* d'une force
infinie: toute Nature actuellement existante, mais
temporelle, a donc une limite, comme la quantité d'eau d'un réservoir. Mais, alors, qu'est-ce
qui nous empêche de concevoir ou d'admettre
que cette Nature épuisable reçoit par des voies naturelles encore sans doute, mais distinctes d'elle-
même comme dépendant du dehors, autant de
force qu'elle en perd; ou bien encore que, se re-
trempant incessamment à sa source, elle ressem-
ble au réservoir recevant par le tuyau d'arrivée
la même quantité d'eau qu'il débite par le tuyau
de sortie?... On ne saurait nier l'entretien de la
vie par les aliments corporels empruntés au dehors; on n'aurait pas plus de raison de dénier
à la cause première de la vie la puissance de la
conserver ou de la rendre. Nous la conserve-t-
elle alors par les aliments corporels qui pourraient
bien nous faire défaut: c'est une grâce. Nous la
conserve, ou restitue-t-elle immédiatement par

elle-même : c'est un miracle. Donc la grâce est
nécessaire, et le miracle est possible.

Peut-être, cependant, le lecteur douterait-il
encore de la réalité de la puissance divine ou
surnaturelle à nous donner, conserver ou resti-
tuer tous les biens, sous le vain prétexte qu'il
n'en connaît pas les moyens. Eh ! comment donc
ne se serait-il pas encore aperçu des lumineux
renseignements fournis à cet égard par ces pa-
roles de J.-C.: que l'homme ne vit pas seulement
de pain, mais de toute parole qui sort de la bou-
che de Dieu ? Que l'homme vive de pain, tout le
monde le sait et en convient ; mais ce moyen
d'entretien est un moyen en quelque sorte in-
strumental, indirect et sensible ou physique : là
Dieu nous vivifie le corps par le corps. Indépendamment de ce genre de moyens, il en existe
maintenant un autre respectivement tout intellectuel et moral : c'est celui dont le Créateur
use lui-même pour entretenir éternellement sa
propre vie, quand il aspire autant qu'il expire,
et se voit tel qu'il se connaît, ou pâtit autant
qu'il agit. Dans son infinie perfection, le Créateur n'applique évidemment jamais le Sens que

comme l'Esprit le pousse et l'Intellect le guide;
il l'entretient donc d'idées et de vertus, ou de
logique et de sagesse. Or, entre le Créateur et
nous , il n'y a pas, sous ce rapport, de différence , puisqu'il n'y a point deux logiques et
deux morales; et, dès-lors qu'on doit avouer
en Dieu la suffisance du formel et du moral
à maintenir la vie divine inaltérable, force est
d'avouer en Dieu la puissance d'entretenir ou
de ranimer aussi la nôtre par les mêmes moyens,
au lieu de s'astreindre toujours à l'emploi d'autres
moyens respectivement indirects et machinaux.

Il nous reste à traiter la question d'*espèce*.

Cette question implique l'existence de deux
termes distincts, subordonnés au genre primitif
un, et concurremment aussi celle de deux *actions*
disparates irréductibles; car il est indispensable
que le rôle de facteur se multiplie comme celui
de terme. Maintenant l'apparition de deux termes
distincts, au lieu d'un seul, s'explique très-bien,
d'une part, par la mise en relief au sein du Genre
unique primitif, de ses deux faces *objective* et
subjective, tout d'abord imaginaires, mais désormais réelles, à la faveur du redoublement particu-

lier à chacune de ces deux moitiés fonctionnant
comme, seul et premier, il fonctionnait lui-même.
Et, d'autre part, la duplicité d'action réelle s'explique à son tour par la présence ou la réalisation de
deux mouvements actuels : l'un de *dépression*
(déjà dit hyperbolique), attribuable au jeu séparé
des deux moitiés du Genre se portant extérieurement l'une vers l'autre jusqu'à satiété; l'autre
d'*exaltation* apparente, déterminé par leur égal
concours à produire la deuxième puissance
(M^2V^2), ainsi commune aux deux moitiés, comme si jamais elles ne s'étaient démembrées du
Genre primitif ni séparées l'une de l'autre.

5. Le troisième Concept, qui se résume d'abord
dans l'unique idée générale de *Foyer*, se divise
ensuite en trois notions spéciales (les deux premières constituées comme *actif* et *passif*, et la
troisième *neutre*), qui sont, dans un certain ordre,
celles de *principe*, de *fin* et de *moyen*, ou sous
un autre aspect, celles de *principe*, de *moyen* et
de *fin*.

L'étude de ce troisième Concept se rattache à
celle du second. Naguère, en développant nos idées

sur le *Facteur*, nous arrivions à la notion d'*une Force à deux termes*. Cherchant actuellement à développer de même nos idées sur le *Foyer*, nous arrivons, sans altérer en rien l'enchaînement logique des Concepts, à la notion inverse d'*un seul Terme à deux Forces contraires*. Cette inversion existe en effet, si, superposant rôles ou fonctions opposées dans un même Être, nous trouvons devant nous un Terme tel qu'il subsiste, par *exaltation* d'une part et par *dépression* de l'autre, aux trois états hiérarchiquement gradués *cubique, quadratique* et *linéaire*. Or c'est là justement ce que nous offre ou représente immédiatement l'idée de Foyer, quand on sait la comprendre.

Personne, avant nous, ne s'en est fait cette notion, pourtant si naturelle. Qu'on veuille bien interroger à cet égard les linguistes et les mathématiciens. Un Foyer est, dit l'un d'eux (Bescherelle), un *point où se réunissent* (?) *les rayons lumineux ou calorifères, réfléchis par des miroirs concaves* ; ou bien encore un *point où les rayons lumineux vont se réunir* (?), en dehors d'un verre lenticulaire, *après s'être ré-*

fractés en le traversant. C'est-à-dire: un Foyer
est un centre; un centre est un Foyer. Un Foyer
est, dit un autre (Lefèbure), *un point* pris dans
l'intérieur d'une courbe du second degré, *dont la
distance à un point quelconque de la courbe
est exprimée rationnellement en fonction de
l'abscisse de ce point.* C'est-à-dire: un foyer
est un point de départ d'une foule de rayons
divergents aboutissant à la périphérie d'une surface du second ordre, et d'une longueur déter-
minée par son équation; en d'autres termes, un
Foyer est un point rayonnant. Ce dernier
auteur, n'invoquant plus l'idée de Centre, et
faisant consister l'essence du Foyer dans le rayonnement d'un point, est bien plus près de la
vérité que le précédent; mais, si l'idée qu'il
donne du Foyer est plus exacte, elle n'est encore
ni bien distincte ni complète. L'idée nette et ca-
tégorique d'un Foyer est celle d'*un terme à deux
fonctions*: l'une, de *propagation potentielle*
dans l'espace apparent, et l'autre, de *décroissement hyperbolique* dans le temps réel; car c'est
bien ainsi que cette idée se manifeste dans la
nature ou qu'elle apparaît distincte à la raison.

5. Quand, précédemment (§ 4), nous avons parlé de deux Astres souverainement régis par l'Attraction, l'Attraction était la Force unique et souveraine maniant à son gré ces deux termes infiniment obéissants ou (comme on a coutume de dire) inertes à son égard. Ici cet Agent médiateur, mais aussi déterminateur, doit disparaître et laisser désormais en pleine liberté les deux termes de tout à l'heure, qui de leur côté semblent subitement transformés, en passant de l'état de pur acte à l'état de puissance, et encore, non de première puissance comme MV, ni de seconde puissance comme M^2V^2, mais de troisième puissance comme $\frac{4}{3}\pi R^3$ (formule de la Sphère); bien plus, non de puissance incomplexe comme l'une des formules quelconques ci-dessus, mais de puissance complexe directe et inverse, comme $\frac{M^2V^2}{R^2}$. En outre, il doit être bien entendu que le terme digne du nom do Foyer ne se contente pas de ne pas faire négativement fonction de Centre, mais qu'il exclut positivement ce rôle comme siége d'une fonction diamétralement opposée, la concentration cédant immédiatement

chez lui la place à l'irradiation. Enfin, le rayonnement dont il est l'expression ou le siége n'est
pas seulement un, mais double, comme externe
et interne, et se traduisant, dans le premier cas
en mouvement apparent ondulatoire, dans le
second cas en mouvement secret hyperbolique.
Le siége appelé Foyer n'est donc point un siége
donné, passif, statique, mais un siége *pris*,
actif, dynamique. à la condition pourtant de ne
jamais fonctionner au dehors à son avantage sans
subir intérieurement un déchet proportionnel à
son extension apparente.

Ce n'est pas tout : l'*Être* ou le Terme qualifié
de Foyer, indépendamment de ses deux fonctions
envahissante ou défaillante qu'il exerce ou paraît
exercer en lui-même ou au dehors, exerce
encore intérieurement son activité sous d'autres
formes en quelque sorte *modales*, et dont
nous donnerons une idée suffisante en disant
qu'il s'exerce ainsi, soit par plans ou surfaces,
soit par lignes ou directions. Qu'on ne se figure
point, en effet, un foyer naturel·comme on a coutume de se figurer grossièrement le soleil en-
voyant indistinctement de tous côtés ses rayons

dorés; car, pour quiconque sait comment le rayonnement solaire s'opère en réalité, ce rayonnement s'exécute suivant deux plans rigoureusement déterminés et rectangulaires en principe, nommés *incidentiel* et *normal*; et, dans ces deux plans, les rayons émis affectent rigoureusement, sous forme sinueuse si l'on veut, la forme linéaire ou rectiligne. Ainsi, sommairement envisagé par récapitulation, un Foyer réel est d'abord, en lui-même, un *cube de force*; il est ensuite, en exercice formel, une *nappe oscillante*; et, finalement, il est un simple rayon ou pur acte élémentaire, mais sensible et *linéaire*.

Les conséquences de ces principes sont toutes claires et naturelles; mais, pour les exposer, il est nécessaire d'aborder l'étude du quatrième Concept, ou du Centre.

6. Un Centre est un point inerte, passif ou statique, qui, quoique ne faisant rien réellement, conditionne imaginairement tout, ou bien est la raison (sinon la cause) de tout, sans préjudice toutefois de la prépondérance obligée des termes de plus haut exposant sur ceux d'exposant

moindre, comme de 1^3 sur 1^2, de 1^2 sur 1^1, et de 1^1 sur 1^0. Nous voyons de pareils Centres hiérarchiquement constitués, dans la Sphère, le Cercle ou l'Ellipse, la Parabole et l'Hyperbole. Puisque, en effet, le rôle des Centres doit être vraiment passif, mais influer à ce titre sur les événements, rien n'empêche d'attribuer aux Centres de ces figures, tout autant que leur nature le permet, le rôle actif déployé pour leur réalisation. Or, comme on ne l'ignore pas, toute Sphère est du troisième degré ; le Cercle et l'Ellipse sont du second degré ; la Parabole, quoique du second degré, se ramène au premier ; et, quoique l'Hyperbole soit encore du second degré, le Centre n'en est pas même réel, mais imaginaire. Donc les Centres de toutes ces figures sont bien entre eux comme les symboles potentiels 1^3, 1^2, 1^1 et 1^0.

Maintenant, puisque toutes les sections de Sphère passant par le Centre sont des Cercles, nous pouvons ici cesser de nous occuper de la Sphère en elle-même, pour nous restreindre à la considération des Centres de Cercle, d'Ellipse, de Parabole et d'Hyperbole, et là-dessus nous établirons les propositions suivantes.

D'abord, évidemment, tous les Centres de Cercle sont superposables de fait et de droit, c'est-à-dire intellectuellement et réellement; et, si ces Centres sont une fois superposés, tous les Cercles respectifs le sont de même.

En second lieu, tous les Centres de Cercle et d'Ellipse sont encore superposables de fait ou de droit; mais si ces Centres de figures disparates sont une fois superposés de fait, les figures restent réellement distinctes, puisqu'il est impossible que l'une d'elles recouvre uniformément l'autre.

En troisième lieu, les Centres de Cercle et d'Ellipse, d'une part, et de Parabole, de l'autre, dans le cas où ces Courbes auraient d'ailleurs deux points communs, ne sont jamais superposables de fait ni de droit strict, puisque leurs Centres doivent être alors censés infiniment distants. Cependant ils sont encore superposables de droit, par manière d'hypothèse ou de fiction, car rien n'empêche d'annihiler par la pensée l'intervalle infini qui les sépare.

Enfin, les Centres de Cercle, d'Ellipse et de Parabole, d'une part, et d'Hyperbole, de l'autre, ne sont jamais superposables de fait ni de droit pas plus fictif que rigoureux; car, pour pouvoir superposer deux choses, il faut qu'elles soient l'une et l'autre réelles. Or, le Centre de l'Hyperbole n'est point réel mais imaginaire, ou (suivant le sens actuel de ce mot) impossible. Donc, entre l'Hyperbole et les autres sections coniques, il n'y a point d'alliance possible, et, ces figures ne pouvant jamais cadrer ensemble, il s'ensuit que leur excentricité respective peut être regardée comme le symbole de l'incompatibilité radicale ou de l'exclusion absolue.

Il existe, en conséquence, quatre sortes de Centralités bien distinctes, et qui sont les Centralités *circulaire*, *elliptique*, *parabolique* et *hyperbolique*. La Centralité circulaire implique possibilité de superposition entière: l'elliptique, simple superposition partielle; la parabolique, simple superposition virtuelle; et l'hyperbolique, superposition négative ou nulle à tous égards.

7. Ayant actuellement une idée claire des diverses Centralités possibles, et sachant d'ailleurs que le rôle *passif* de tous Centres doit être, sous forme *négative*, une exacte reproduction du

rôle respectivement *positif* des foyers, nous
pouvons nous rendre raison à la fois de l'existence, de la distribution et de la fonction des
Centres. Commençons par nous rappeler ici sommairement que toute Activité réelle, absolue, se
prête aux deux, aspects de *sujet* et d'*objet*, et
qu'elle est ainsi doublement déterminable comme
tirant ces déterminations ou d'elle-même ou du
dehors. Dieu, par exemple, avant d'avoir créé le
monde, ne pouvait que se déterminer du dedans,
en empruntant à son intelligence ou à son imagination l'objet ou le modèle de ses actes externes;
mais, après la création, Dieu n'a pas plus que
nous besoin de tirer toutes ses déterminations
de lui-même; et, comme nous sommes guidés
ou motivés dans nos actes par l'état de nos représentations du monde externe, il peut régler
son propre exercice temporel sur les données
extérieures. Or on n'a pas de peine à se figurer
que la première intelligence venue se représente
les Centralités, Soleil, Terre, Lune, etc., distribuées, dans le système solaire (ou n'importe quel
autre), comme elles le sont; mais, ce qu'on a
de la peine à concevoir, c'est qu'elles aient pu

d'abord être établies dans cet ordre sans motif apparent, quand rien de fini ne préexistait en Dieu pour imposer ou recommander cet ordre-là. Là-dessus, on entrevoit cependant déjà deux choses: d'abord, puisque rien ne préexistait, Dieu devait se déterminer de lui-même, sans pouvoir rencontrer d'empêchement ou d'obstacle à son action; puis, en Dieu comme chez nous, ni l'intelligence ni l'imagination n'ont besoin d'excitations spontanées externes pour forger des représentations de choses fictives, fantastiques, imaginaires. Il ne répugne point, en conséquence, de supposer en Dieu, dès avant tout vouloir et tout agir de sa part, un monde intelligible, formé de l'actuel et du possible en tout ordre de choses. Et, cette forme étant alors en lui comme un moule préexistant, on conçoit aussi qu'il lui fût loisible, en raison de son entière liberté d'action sensible, de se répandre objectivement ou sensiblement dans ce moule préalable, comme se répandent dans un moule de cloche le cuivre et l'étain en fusion. Peut-être ne s'est-on jusqu'à ce jour tant récrié contre la création, que parce qu'on n'avait pas assez remarqué la

nature du changement qu'elle implique. Deux
sortes de changements sont possibles : le changement de forme *sur* même fond, et le changement
de fond *sous* même forme. Le changement de
forme *sur* même fond est tout spécialement notre
ouvrage ; c'est ainsi que nous faisons du blé le
pain, et du raisin le vin, etc. Le changement
de fond *sous* même forme est spécialement l'ouvrage du Dieu Créateur ; c'est ainsi que, en
lui, comme nous le disions tout à l'heure, la
forme, qui d'abord ne préexistait qu'en l'Intellect
ou bien n'avait pour fond que de l'idéal, a pu,
quand il l'a voulu, changer de *substratum* ou
reposer sur du sensible, à peu près comme quand
à force de rêver une chose on finit par la voir
réellement — en halluciné, sinon autrement.

En Dieu, maintenant, entre vouloir voir une
chose et la voir réellement, il n'y a pas la moindre différence objective, réelle. Car, une fois que,
dans son dénûment sensible originaire, il aura
pu, par hypothèse, contracter des idées fixes ou
former des desseins arrêtés, le Sens, usant de sa
liberté, ne peut avoir en lui d'autre alternative
que d'entrer ou de ne pas entrer dans le con-

cert des deux autres puissances intellectuelle et
spirituelle, comme dans une espèce de couloir
irrévocablement tracé d'avance ; et son œuvre
prendra forcément aussi tous les plis ou replis
de la forme modèle. Or, comme nous l'avons
appris déjà, l'Activité formelle logée dans les
foyers intellectuels se déploie naturellement par
plans, rectangulaires et directions divergentes,
comme ce qu'on appelle en Optique plans de
polarisation et rayons lumineux, tous genres
d'exercice affectés d'ondulations réelles ou vir-
tuelles, et par conséquent sillonnés, transversalement à leur direction longitudinale, de stries
ou d'inégalités très-distinctement percevables aux
yeux par la différence des couleurs annulaire-
ment étalées autour des Centres absolus de vi-
bration. Pour être témoin d'un pareil phénomène
représentatif, il suffit de s'armer de deux tour-
malines parallèles séparées par un spath per-
pendiculaire. Regardant à travers cet appareil la
lumière du jour, on voit un grand espace bril-
lant, entrecoupé d'une croix alternativement
blanche ou noire, et notamment, quand elle est
noire, l'origine centrale des bras de la croix très-

3

nettement délimitée; tandis que leurs prolonge-
ments offrent, à la rencontre de chaque bande annulaire, une sorte de renflement dont la réitération
nous rappelle les articulations d'une colonne verté-
brale grossissante. Ces renflements superposés
des traces des plans de polarisation, que sont-ils
alors, sinon des Centres consécutifs ou des *chias-
mes* transversalement coordonnés avec une pré-
cision mathématique, sans autre régulateur que
l'Intellect naturel ou radical? Imaginons donc
le Sens divin originairement témoin de pareils
lieux saillants, assignés en quelque sorte d'avance
pour station à son mouvement rayonnant. Le
Sens arrivant alors en ces points singuliers plus
remarquables, y stationne, comme l'y invite le
spectacle admirable dont il a la primeur; et tout
comme il réside d'abord naturellement avec plus
d'insistance au Centre du tableau comparable
au Soleil, il réside ensuite de même, avec le
décroissement obligé de puissance, en chacun
des entre-croisements consécutifs, images des pla-
nètes si savamment distribuées pour l'ornement
et la durée du Monde autour du noyau central.

Il serait ici possible au lecteur de se méprendre sur la portée de l'explication précédente, si nous n'ajoutions immédiatement que le modèle primitif de l'action divine créatrice, quoique parfait dans son genre, ne l'est point comme type invariable achevé de l'avenir ; car l'ordre préalable des choses n'en est point l'ordre définitif, et telle chose rangée la première dans l'un peut bien se trouver la dernière dans l'autre. C'est ainsi que les anneaux à rayons plus petits, mais à bandes plus larges, qui nous apparaissent les plus proches du Centre absolu lumineux, peuvent très-bien être censés, dans leur transformation en réalités sensibles de même ordre, transportés le plus loin ; car, l'action créatrice étant la plus intense à ses débuts d'exercice et s'affaiblissant ensuite graduellement, il résulte de là que la région annulaire de ses premiers jets doit naturellement circonscrire et contenir celle des jets postérieurs. Ainsi, rationnellement, on peut et doit admettre que dans l'ordre actuel apparent le Cercle de Neptune enveloppe celui d'Uranus, comme le Cercle d'Uranus celui de Saturne, etc., parce que, rationnellement encore, la création de Neptune aura précédé

celle d'Uranus, et la création d'Uranus celle de
Saturne, etc. Ce n'est pas tout : le vrai Centre
dirigeant du Monde définitif peut n'être situé,
ni dans le centre du modèle primitif, ni sur la
périphérie de l'ordre de choses subséquent, mais
vers le milieu de l'intervalle compris entre ces
deux extrémités ; car c'est là que les deux actions *intellectuelle* et *sensible* ayant atteint,
chacune, leur moyenne , peuvent être égales et
donner par là-même naissance, en raison de leur
balancement respectif, aux produits les plus réguliers.

8. S'il nous importait tout à l'heure de montrer comment le type de l'Activité divine créatrice
en était un type restreint, il ne nous importe
pas moins de montrer encore comment ce type
s'est, en elle, formé dès l'origine des choses dans
son ensemble ou ses parties.

Imaginons ici, d'abord, un puissant cours d'eau
rectiligne , normalement abordé par un autre
cours d'eau plus petit : que deviendra le petit
cours d'eau joignant le grand ? La réponse est
toute simple : le petit cours d'eau joignant le

grand s'infléchira pour le suivre et se confondre avec lui. Là, le grand cours d'eau figure l'Intellect radical bien plus agité que le Sens naturellement stationnaire, et le petit cours d'eau figure le premier exercice infinitésimal du Sens. Quand alors le Sens, dont l'exercice est toujours normal en direction à celui de l'Intellect, aborde ce dernier, il s'infléchit et s'assimile à lui. Mais le Sens, s'assimilant à l'Intellect ou fluant dans sa direction, cesse de faire fonction de Sens, et se transforme en Intellect, en devenant, comme lui, *représentant*. Donc, après la *sensation* survient la *représentation*, tout à fait comme s'implante sur le premier bras d'une croix le second bras qui la complète.

Imaginons, en second lieu, que, de deux corps solides respectivement impénétrables, l'un raide, et l'autre élastique, l'élastique rencontre le raide sur sa direction et le choque. Le corps choquant, ne pouvant alors pénétrer l'autre, s'aplatira d'abord nécessairement sur sa surface; mais, incontinent après et tout autant qu'il n'éclate point, se recueillant, il réagira plus ou moins énergiquement contre l'obstacle, et, profitant pour se relever de sa résistance même, il rebondira du côté d'où il est venu, normalement si le choc est normal, obliquement s'il est oblique. Ici, le corps choquant figure l'Intellect, comme plus mobile; et le corps choqué figure le Sens, comme plus fixe. Puisque c'est alors l'Intellect qui rencontre le Sens, il doit *rebondir* à sa surface; la manière dont il rebondit à sa surface constitue la *forme* du *fond* sensible; et le *mode* suivant lequel cette forme devient, est un acte de *réflexion* de l'Intellect sur lui-même, c'est-à-dire: il est non un acte de *transformation* assimilable à la Représentation de la Sensation, mais un acte d'*immanence*, au *Sens* et à la *direction* près.

Les choses étant ainsi, toutes les fois qu'on a des idées, on représente exclusivement par arrêt et conversion du Sens, sans qu'on ait immédiatement pour cela besoin de réflexion; mais, pour réfléchir, on a besoin d'idées préalables dont l'achoppement ménage un jugement sur l'état réel des choses : c'est donc par jugement réfléchi qu'on compare et discerne. Moyennant cette faculté de retour, le Moteur (intelligent) discerne le mobile qui lui obéit, et le Mobile (intelligent) discerne le moteur qui l'agite; c'est-à-dire tout être (intelligent) discerne la qualité de l'être opposé contraire à la sienne, non la sienne propre, qui demeurerait inaperçue, faute d'opposition. Cette manière de voir par différence se transforme ensuite, du rapport entre subjectif et objectif, au rapport analogue d'objectif à objectif, par la pensée que la relation de Nous aux objets peut encore se répéter d'un objet à l'autre.

Partant de ces diverses considérations, on peut actuellement comprendre comment l'Activité divine a d'abord des idées, telles que celles de Terme, de Facteur, de Foyer et de Centre. Mais comme, avant tout agir positif de sa part, elle doit être censée jouir d'un parfait repos, c'est l'activité, non la passivité, qui se révèle la première à elle: elle se voit donc d'abord active aux foyers, avant de se voir passive aux Centres. Défalquant ensuite en soi le concret de l'abstrait, ou l'actuel de l'idéal, elle passe des idées de Foyer et de Centre à celles de Facteur et de Terme. Ainsi, le Foyer et le Centre sont des objets d'intuition; le Facteur et le Terme des objets de raison. Mais le Monde intelligible n'est point le Monde réel, et n'en a pas l'importance. Nous appesantissant alors sur le Monde réel constitué par les deux concepts de Foyer et de Centre, nous ne devons pas seulement envisager le concept de Foyer comme apparu le premier, mais encore comme apparu complet ou parfait, par la seule apparition ou révélation de Dieu à lui-même, dès avant tout discernement des Créatures en qualité même de simples possibilités ; ce qu'on ne saurait dire du Centre. Car, ni le Sens, ni l'Intellect, ni l'Esprit divins ne sauraient être conçus limités. Donc ils sont infinis, immenses ; et par suite, leurs Centres étant partout, on peut très-bien dire par là-même qu'ils ne sont nulle part. L'intuition du concept de Centre s'impose donc seulement à Dieu, quand il entrevoit pour la première fois la Créature ou possible ou réelle. Mais l'intuition du concept de Foyer ne saurait attendre le moment de ce retour de Dieu sur lui-même, du dehors au dedans. Quand alors il se perçoit éternellement lui-même, il se perçoit actif et trois fois actif, à savoir: par le Sens, par l'Intellect et par l'Esprit (absolus). Or une triple Activité demande un triple Foyer. L'expression de Foyer répond donc à l'idée de Personnalité, comme l'expression de Centre à l'idée d'Être.

En conséquence, les divisions intrinsèques du Foyer, appelées *principe*, *fin* et *moyen*, peuvent être regardées comme les notions constitutives du Monde divin et même de tout Monde en général. Les divisions respectives du Centre ou des Centralités *circulaire*, *elliptique*, *parabolique* et *hyperbolique*, sont, au contraire, les simples bases fondamentales de l'ensemble du Monde extérieur et créé, dont Dieu continue sans doute de faire partie, non plus en qualité d'Agent infini, mais seulement en qualité d'Agent extérieur et fini, toujours supérieur néanmoins de fait à tous les autres Êtres.

Nous venons de comparer *Foyer* et *Centre* dans le ressort des Agents ou des Êtres absolus, où nous avons pu ranger, d'un côté Dieu, de l'autre côté toutes les Créatures indistinctement, l'ange et l'homme par conséquent. Il y a lieu de comparer semblablement *Foyer* et *Facteur*, et d'examiner ce qui s'ensuit. Le défaut de Centre actuel attribué naguère aux trois Foyers divins spéciaux est ce qui permet cette comparaison des *Foyers* aux simples *Facteurs* exempts en eux-mêmes de siége apparent ; et le résultat de cette comparaison consiste à dire que les trois Foyers divins réels, rationnellement successifs, sont une condition de *temps réel*, quand les deux Facteurs réciproques, respectivement constitués comme actif et passif, et formellement ou statiquement opposables par paires, sont une condition d'*espace apparent*. Un seul Facteur est une puissance du premier degré; deux Facteurs réunis peuvent constituer une puissance du second degré, mais non une puissance du troisième degré. Si, par hypothèse, il existe alors un troisième Facteur qui vienne s'adjoindre aux deux précédents réunis, il est possible que, disparate à chacun d'eux, il ait pourtant plus d'affinité pour l'un que pour l'autre, et que, dissolvant alors par son intervention leur union provisoire ignorée jusqu'à cette heure à ce titre, il ait l'air de mettre en évidence ou de produire le terme exclu de l'ensemble primitif au bénéfice du nouveau. Ce chan-

gement dont est capable un système de trois
forces, un système de deux forces ne saurait
maintenant le produire. Donc le Concept de Foyer
est respectivement une condition de changement
ou de temps réel, et le Concept de Facteur est
une simple condition d'ensemble ou d'espace apparent.

La division dichotomique introduite par la
notion de Facteur provient, comme il vient d'être
dit, de l'alliance par couple des trois Agents ou
Foyers radicaux pris deux à deux. Trois Foyers
actuels, associés deux à deux, donnent assurément trois combinaisons *actuelles* par couple;
mais, pour la *forme* ou le *fond*, séparés du *fait*,
ils n'en sauraient donner que deux, qualitative-
ment envisagées; et ces deux combinaisons par-
ticulières sont celles qui se caractérisent par l'*espèce* des Foyers engagés, d'une part, ou par le
degré de Force déployée, de l'autre. Ainsi, deux
Êtres entrent-ils en relation immédiate; de suite,
on peut se demander: 1° sont-ils de *même* ou
de *différente* espèce? 2° sont-ils d'*égale* ou d'*iné-
gale* Force? Dans le premier cas ils seraient entre
eux réciproques, et dans le second alternants.

Pour se fixer à cet égard, il suffit de se rappeler.
ici les relations de sexe à sexe, ou d'âge à
âge, qui ne sont pas autre chose. Nous appellerons les premières relations *angéliques,* et les
secondes *humaines.* L'ange et l'homme diffèrent donc l'un de l'autre, comme *qualité* et
degré. L'ange et l'homme diffèrent de Dieu, comme les *espèces* du *genre.*

9. Après toutes les explications déjà données
du tableau du § 2, pouvons-nous espérer d'avoir
suffisamment éclairci, sans jamais dévier du
droit chemin, toutes les questions qu'il soulevait
sur les éléments ou l'ensemble du Monde? Nous
le pensons, et, dans cette confiance, avant de
tenter la classification raisonnée de nos Concepts,
nous en tenterons provisoirement la vérification
expérimentale. Ne pouvant évidemment essayer
ici de toutes les matières, nous choisirons au
moins, entre tous les sujets d'investigation possible, ceux qui semblent devoir être, spéculative-
ment ou pratiquement, les plus intéressants; et
de l'avantageuse application de nos principes à
ces mêmes sujets, nous conclurons la conve-
nance ou la nécessité de leur égale application

à tous les autres. Les deux sujets traités ici de préférence seront le *Règne animal* et le *Gouvernement politique*.

10. Classant les diverses espèces d'Êtres plus ou moins artistement construits existant à la surface de la Terre, on les divise, comme on sait, en trois règnes, qui sont : le *minéral*, le *végétal* et l'*animal*. Dès-lors, le règne animal est, comme *règne*, le troisième terme d'une division trichotomique, et tombe, en conséquence, sous le Concept de Foyer. Mais, comme il doit être en même temps bien entendu que ce règne est un règne *naturel* ou *physique*, excluant de lui toutes propriétés d'ordre supérieur intellectuel ou moral, il sort immédiatement de ce premier Concept et demande à se ranger sous un autre. Il s'y prête d'ailleurs parfaitement. Car, une fois isolé de de tout autre règne, le règne *animal* peut être pris *absolument* ou comme *Être formel* distinct; et, sous ce nouvel aspect, il ne fait partie de rien, il est un Tout. Considérons-le donc sous cette dernière face, et voyons comment il peut se diviser.

Ainsi que nous l'avons établi § 6, tout Être, en qualité d'être absolu, siége (réel ou formel, peu importe) de fonctions, tombe sous le Concept de Centre, et comme central il peut être alors indifféremment qualifié par les indices différentiels, *circulaire*, *elliptique*, *parabolique* et *hyperbolique*, applicables en ce cas, ou bien, en d'autres termes, trouver entrée dans quatre embranchements. Mais le règne animal, disions-nous tout à l'heure, se prête parfaitement au rôle d'Être absolu formel. Donc il est divisible en quatre embranchements justement conformes à ceux que nous venons d'énumérer. Et, par là, le débat entre Geoffroy Saint-Hilaire et Cuvier, sur la distinction essentielle des classes animales, nous semble irrévocablement clos. Car il s'ensuit que les Classes animales sont aussi distinctes entre elles que le sont les quatre sections coniques. Or personne ne peut nier l'essentielle distinction des quatre sections coniques exprimées par des formules irréductibles sous leur forme la plus simple. Donc les Classes animales, s'exprimant en définitive par les mêmes formules, s'excluent également, et sont par conséquent essentiellement distinctes.

En vidant, en faveur de Cuvier et contre Geoffroy Saint-Hilaire, la question de la différence essentielle des Classes animales, notre solution vide encore celle de l'Hétérogénisme contre ses défenseurs irréfléchis. Nous disons à dessein : irréfléchis; car, s'ils entendaient affirmer la *simple possibilité* d'évolution des êtres — d'un degré à l'autre ou d'une forme à l'autre — en l'échelle ascendante ou descendante des organismes animés, ils n'auraient point assurément à craindre d'être contredits par personne, et leur doctrine serait d'une banalité révoltante. Pour ne pas penser comme tout le monde, ils doivent donc soutenir et ils soutiennent en effet que les animaux peuvent se transformer d'*eux-mêmes*, en passant par tous les degrés de l'échelle animale, à peu près comme si l'on disait que la Centralité *hyperbolique*, se superposant à la *parabolique*, deviendrait *parabolique*, etc. Or déjà nous avons eu l'occasion de nous expliquer sur ce point et d'établir nommément que l'Hyperbole n'est jamais transformable. Nous avons exposé pareillement que, quoique superposables à divers titres, le Cercle, ni l'Ellipse, ni la Parabole, ne peuvent se

substituer l'un à l'autre. La doctrine des Hété-
rogénistes est donc décidément absurde, et cela,
non à notre point de vue seulement, mais au leur,
puisque leur but, en nous combattant, ne peut
être que d'affirmer la seule chose que nous entendons nier : *Tout peut, de soi-même et sans
parcourir les voies providentiellement disposées
AD HOC, être tout*, c'est-à-dire l'*absolu devenir.*

Mais la question de l'essentielle distinction dés
Classes animales une fois décidée carrément en
faveur de Cuvier, il reste à déterminer les quatre
embranchements qu'elles comportent. Cuvier les
a trouvés dans la division du règne animal en
vertébrés, mollusques, articulés et *rayonnés.*
Ici nous sommes obligé de nous séparer de cet
éminent zoologiste, et d'indiquer dans sa classification une erreur et une omission capitales. Nos
motifs sont dans notre table modèle, qu'il importe souverainement ici de ne perdre jamais de
vue.

Pour mieux procéder à l'exacte détermination
des Classes animales, nous nous rappellerons ces
deux principes précédemment établis (§ 8) : que
tous Êtres ou Centres se déterminent comme

Agents ou Foyers, en même temps que, inversement, tous Agents ou Foyers se déterminent une fois comme Êtres ou Centres; et que, en outre, tous Agents sensibles se déterminent, eux-mêmes, par leurs *formes* ou leurs *degrés* d'activité relative. Tout être physique animé se présentant alors à nous sous le double aspect de *forme* et de *degré*, nous n'avons pas de peine à comprendre que la forme corporelle la plus parfaite, après la constitution *stratifiée* des couches géologiques, est l'*organisation*, et que l'action physique de degré supérieur est la *Circulation*. Un corps parfait serait donc un corps dans lequel, à l'organisation la mieux dirigée, se joindrait la circulation la plus grande. Or tels sont les avantages, au moins relatifs, des animaux *vertébrés* sur tous autres, mollusques, articulés ou rayonnés. Donc la première classe d'animaux admise par Cuvier est digne de son rang.

Il n'en est pas de même, maintenant, des deux classes suivantes admises par le même auteur. Ici, tant l'organisation que la circulation s'altèrent subitement d'une manière sensible, mais pourtant avec une graduation facile à reconnaître.

4

Car, chez les mollusques, par exemple, la circulation perd relativement peu de ses avantages, quand l'organisation s'abaisse tout à coup d'une manière étonnante ; et chez les articulés, au contraire, l'organisation se dégrade relativement peu, quand la circulation éprouve un déchet énorme. Donc, qu'avons-nous alors, en ces deux espèces d'animaux, devant nous ? Est-ce, comme l'a prétendu Cuvier, deux types essentiellement distincts ? Nullement. Car, tels que nous venons de les décrire, ces animaux répondent aux deux sortes d'Ellipses dites, les unes *allongées*, comme celles de la lumière dans le quartz, et les autres *aplaties*, comme celles de la lumière dans le spath. Or, les Ellipses allongées et les Ellipses aplaties ne sont pas deux *genres* de figures essentiellement distincts. Donc, de même, les mollusques et les articulés ne sont pas deux classes animales différentes, mais deux moitiés d'un seul et même embranchement formant la transition des vertébrés aux autres classes inférieures.

Par ce que nous venons de dire on a compris déjà que, pour passer du second embranchement du règne animal au troisième, il faut sortir du cas de l'Ellipse et se placer dans un cas de Parabole. On se place dans ce dernier cas, quand on imagine que, toute trace de circulation spéciale ou d'organisation bien accentuée disparaissant dans l'animalité, l'on se trouve en présence d'une simple agglomération de parties respectivement indépendantes, quoique suffisamment reliées encore entre elles par la communauté des milieux ou la compatibilité des fonctions. Les intérêts des parties n'étant point alors contrariés par l'union, elles y peuvent persévérer sans inconvénient, mais aussi sans crainte de la voir s'évanouir, puisqu'elles sont aussi capables de fonctionner séparées que réunies, comme on l'admet pour les espèces animales divisibles ou scissipares et réparables après les plus graves mutilations apparentes. Or, tous ces phénomènes et leurs analogues s'offrent à foison dans la classe des animaux rayonnés. Donc, ces derniers constituent bien le troisième embranchement du règne animal.

Enfin, pour composer le quatrième embranchement, quels animaux nous faut-il? Il ne nous faut pas seulement des rudiments d'animaux à centres

infiniment éloignés, ou bien respectivement indé-
pendants, comme c'était tout à l'heure le cas, mais
des animaux qui, bien que vivant un moment
de *fait*, ne conservent pourtant jamais la vie
par manière d'*habitude* en eux-mêmes, à l'instar,
par exemple, des hyperboles dont la courbure,
à peine un moment sensible, se traduit promptement en rectitude définitive, symbole d'éternelle
raideur. Or, quoique indistincte dans la nomen-
clature de Cuvier, cette classe d'animaux existe
à part dans les *animalcules*, infusoires ou autres,
tous manifestement capables de vivre ou d'agir
à l'état d'isolement, mais tous encore entrant à
peine en relation l'un avec l'autre, qu'ils apparaissent immédiatement comme pétrifiés, ou calcinés,
ou morts, comme on en a le spectacle dans la
matière brute ; d'où nous vient la pensée qu'elle
peut bien n'être qu'une combinaison de ces ani-
maux-là. Car les atomes ou molécules des chi-
mistes impliquent incontestablement en principe
la vie, toutes leurs actions ou réactions l'attes-
tent. Mais, à peine les éléments dont ces atomes
ou molécules se composent sont-ils réunis, que
la plus complète immobilité succède à la plus

vive agitation antérieure. Donc, ces éléments, primitivement vivant à part, ne vivent plus ni ne peuvent plus vivre ensemble, et toute relation les tue, comme nous trouvons nous-mêmes la mort au sein de gaz irrespirables. Nous nommerons alors ces sortes d'animaux essentiellement incapables de relations actives et passives continues, les *éphémères* ; et nous en composerons le quatrième embranchement. Quant aux animaux rayonnés dont se compose le troisième embranchement, et qui, comme les polypes à polypier, ne vivent jamais d'un côté sans mourir en même temps de l'autre, nous les appellerons les *mourants*. Par suite, les articulés et les mollusques, qui n'entretiennent qu'imparfaitement leur vie, seront les *mortels*. Et enfin, si les vertébrés sont loin de mériter en masse le nom d'*immortels*, cette qualification ne disconviendra point à ceux d'entre eux qui, se dépouillant un jour des milliers de lambeaux hérités des classes inférieures, et dissipant incessamment le flux vital, seront par là-même en état d'aboutir, par la perfection des formes organiques et des mouvements circulatoires, à la vie éternelle.

11. Le second exemple que nous avons promis de donner, et qui est le Gouvernement politique, se traite comme le précédent. Tout Gouvernement politique suppose évidemment la concentration de la Force publique en quelques mains qui, ne pouvant ou ne devant point en principe trouver de résistance, gèrent la chose publique avec un empire absolu. La fin de la remise du souverain pouvoir entre ces mains ne pouvant être que le bien général, on a de tout temps été frappé de la nécessité d'adopter les mesures les plus propres à ménager ce résultat, et pour cela même à rendre la puissance officielle, et *le plus protectrice* et *le moins nuisible* possible. Plus touchés de la protection désirée que des abus à craindre, les uns ont alors voulu le pouvoir concentré dans un seul homme, pour l'avoir à la fois et plus libre et plus fort. Plus touchés, au contraire, des abus redoutés que de la protection attendue, les autres ont voulu diviser le pouvoir entre plusieurs agents réunis ou dispersés, dans l'espoir, comme on a dit, que quatre yeux verraient mieux que deux, ou six yeux mieux que quatre, etc. Dans ce débat, à notre avis, cha-

cun raisonnait juste; mais aussi, comme chacun ne tenait compte que de ses raisons, il était impossible qu'on parvînt jamais à confondre ou convaincre l'adversaire envisageant sous un autre point de vue les mêmes choses. Les avantages de la Monarchie, par exemple, une fois démontrés, n'empêchaient point les avantages attachés aux gouvernements aristocratique et démocratique d'exister à leur tour ; les arguments allégués d'un côté n'atteignaient donc point les arguments allégués de l'autre; et la solution définitive de la question ne pouvait ainsi jamais intervenir. Ce qui d'avance annulait alors tous les raisonnements de part et d'autre, c'était donc l'*absence* d'un point de vue commun à tous les contendants. Si l'on eût bien examiné l'objet du débat, on eût promptement reconnu, par exemple, que la question, posée comme on la posait, était une simple question de *nombre !*.... l'idée la plus creuse ou la plus vide qu'on puisse imaginer. Quelle raison, en effet, pourrait-on avoir d'établir *absolument* que quatre yeux voient mieux que deux, quand il est certain par expérience que souvent un seul homme en sait plus que deux, que vingt, que cent autres? L'on raisonnait donc réellement alors comme si l'on eût voulu jeter l'ancre dans l'eau, sans terre ferme.

Voulons-nous aller au fond de la question, laissons ici de côté tous les points de vue spéciaux, et revenons à notre table modèle. Manifestement, la question actuelle est encore foncièrement une question de centralité, puisqu'il s'agit de concentration. Une société ne peut avoir qu'un Centre, car, s'il existait deux Centres, il y aurait deux sociétés; absolument comme si l'on donnait deux Centres au Cercle ou à l'Ellipse, les idées de Cercle et d'Ellipse seraient annéanties. Donc il ne doit exister qu'un Centre social. Cela posé, reste à traiter la question de Foyer.

Ou le Foyer est encore unique et se superpose au Centre, et c'est le cas du Cercle;

Ou le Foyer est double en se distinguant du Centre, et c'est le cas de l'Ellipse;

Ou le Foyer et le Centre sont simultanément uns, mais infiniment distants, et c'est le cas de la Parabole;

Ou bien, enfin, le Foyer et le Centre sont

toujours unis, mais avec Foyer réel et Centre imaginaire, et c'est le cas de l'Hyperbole.

Considérons d'abord le cas du Cercle avec Centre et Foyer uns, superposés : comment appellerons-nous le gouvernement ainsi constitué? Nous l'appellerons *Théocratique*, comme offrant indistinctement réunis en un seul point les trois pouvoirs législatif, exécutif et judiciaire, à peu près comme, dans le mouvement de la fronde, les trois forces centripète, centrifuge et tangentielle sont réunies dans une seule main.

Considérons ensuite le cas de l'Ellipse avec un Centre et deux Foyers : comment appellerons-nous le gouvernement institué sur ce modèle? Nous l'appellerons *monarchique*. Car, comme on ne l'ignore point, l'Ellipse a bien deux Foyers, mais elle n'en a qu'un réel, comme le Centre : nous n'avons donc que deux forces réelles en présence, à savoir : celle du Foyer actif et celle du Centre passif. C'est donc comme si, séparant le pouvoir spirituel du pouvoir temporel, nous les opposions l'un à l'autre, pour prévenir par la passive résistance du premier les abus redoutés de son rival.

Continuant à nous porter en avant, considérons maintenant le cas de la Parabole, où le Centre et le Foyer, uns, sont infiniment distants l'un
de l'autre : quel sera, cette fois, le gouvernement
constitué sur ce type? Ce sera le gouvernement
que nous appellerons *Polyarchique*. Peu importe
en effet, ici, le nombre des gouvernants. Une
fois qu'il est multiple (si nous savons bien inter-
préter l'infinie distance comprise entre le Foyer et
le Centre de la Parabole, il n'entend plus rien
à peser les raisons, mais seulement à compter
les voix, et dès ce moment, le moteur général
n'étant plus le devoir ni le droit, mais le seul
intérêt, quel qu'il soit d'ailleurs, l'édifice social
construit sur cette base n'est plus qu'un *acci-
dent*.

Néanmoins, il peut tenir encore debout, comme un cône peut tenir sur son sommet. Pour
le voir tomber à terre, considérons enfin le cas
de l'Hyperbole, où le Foyer seul est réel, et le
Centre impossible : quel sera le nom du gouvernement d'alors? Ce sera celui de gouvernement
Démocratique, ou, pour mieux dire, l'*Anarchie*.
Quand, en effet, tout le monde gouverne, pour-

rait-il y avoir, avec tant de gouvernants, un seul gouverné? Non, sans doute[1]. Donc un gouvernement démocratique est évidemment un gouvernement nul, et quiconque aime et patronne un pareil gouvernement ne sait ni ce qu'il veut ni ce qu'il dit.

12. Jusqu'à présent, examiner d'abord une à une toutes les parties de notre table modèle, examiner ensuite si cette table modèle s'applique en détail aux différentes branches de la science humaine, telle a été notre tâche. Maintenant, il nous reste un dernier travail à faire : c'est de réunir en faisceau tous nos Concepts et de montrer dans leur ensemble un tableau réel de l'Univers.

Pour cela, nous ne croyons pas nous tromper en commençant par faire remarquer que l'Activité radicale est bien plus développable ou complète dans le temps que dans l'espace ; car elle est essentiellement limitée dans l'espace, comme n'admettant là que *deux* termes opposés ou corrélatifs *toujours finis,* quoique ayant une indéfi-

[1] Un gouvernement n'est pas plus concevable avec gouvernants sans gouvernés distincts, qu'un sel avec acide sans base.

nie latitude d'exercice en tous sens, quand dans le temps, au contraire, elle admet *trois* termes réels, opposables encore — il est vrai — deux à deux dans un certain ordre, mais pourtant *n'ayant jamais de limites* d'une ou d'autre part, soit dans le passé qui n'a jamais eu de commencement, soit dans l'avenir qui n'aura jamais de fin. Nous attachant alors à la considérer dans ses trois phases consécutives, nous la voyons, dans le premier cas relatif au *passé* primitif, composé de trois Foyers réels, mais *sans centre réel aucun*, puisque, pour pouvoir ne pas agir, les trois Foyers ont besoin d'être isolés, et que, isolés, ils ne peuvent offrir de Centre. Dans sa seconde phase relative au *présent*, l'Activité radicale nous apparaît avoir acquis un Centre vraiment réel, quand (ainsi que nous l'exposions tout à l'heure) elle s'exerce avec liberté dans l'espace sous forme *finie*, soit *circulaire*, soit *elliptique*; mais ici, pour peu qu'on veuille bien observer que les trois Activités focales ou personnelles internes s'exercent alternativement deux à deux sous ces deux formes, et que deux d'entre elles notamment s'exercent ainsi dans le cas particulier de l'Ellipse en sens contraire, l'une en se déployant tout d'un coup transversalement, et l'autre en se déroulant par degrés longitudinalement; pour peu, disons-nous, qu'on veuille bien observer tout cela, l'on entrevoit sans peine que le Centre réel *présent* des trois Foyers divins n'est encore qu'*intellectuel* ou *rationnel,* et qu'ainsi le Monde présent est bien une réalité, mais une réalité provisoire, offrant l'aspect de deux Ellipses disposées de telle sorte que, au moment où l'une *apparaît toute déployée* transversalement dans l'espace, l'autre, commençant au Centre de la précédente, *se déroule ensuite sourdement* du dedans vers le dehors, à peu près comme la plumule se dégage d'entre les deux cotylédons[1]. Mais, la forme orbiculaire du Monde extérieur ou visible (qualifié par les astronomes d'Ellipsoïde rare et resserré vers les pôles) n'étant que provisoire ou transi-

---

[1] Cette double constitution du monde *actuel* par déploiement *transversal* apparent, et par déploiement *longitudinal* latent, peut valoir comme type même du monde *futur,* dont toute la différence avec l'*actuel* proviendra de ce qu'alors le déploiement *transversal* toujours réel et correspondant au même point de la durée sera l'apanage des seuls élus, et le déploiement longitudinal toujours imaginaire ou correspondant à *tous les moments possibles,* le lot maudit des réprouvés. — Juste échange de sorts !

toire, sa disparition devra nécessairement s'effec-
tuer un jour ; et ce sera quand, à force d'essais
et de reprises, toutes les Forces extensives de
l'espace, appelées à déverser leurs intensités dans
le temps, auront atteint en profondeur, sous forme temporelle longitudinale, leur degré préalable et spontané d'expansion transversale apparente. Dès que, en effet, les Forces extensives
et les Forces intensives cosmiques se seront en
quelque sorte nivelées, l'équilibre s'établissant
naturellement et de suite entre elles à tous égards,
il sera loisible aux trois Foyers radicaux, arbitres
de l'ultérieure et parfaite échangeabilité des mêmes Forces, de s'entendre et de se concerter
pour une superposition entière et définitive ; et,
l'effet ne pouvant alors tarder de suivre la ten-
dance commune, ils se superposeront donc réellement et pleinement et définitivement. Mais, les
trois Foyers divins étant tous et chacun infinis,
leur réelle et pleine et définitive concentration en
un seul point impliquera forcément une égale
concentration dans toutes les positions ou les oc-
currences possibles. Au lieu, donc, que dans les
temps *primitifs* antérieurs à la création les trois

Foyers n'avaient *point de Centre*, et que dans les temps *présents* ils n'en ont qu'*un rationnel*, dans les temps *futurs* et perpétuels ils en auront un à la fois *réel* et *universel*, tel, par exemple, que le Centre des cristaux réguliers ou symétriques qu'on sait ne pas résider dans le seul centre de figure, mais être commun à toutes les parties ou molécules de ces corps.

Par cette dernière comparaison, on comprend la restriction avec laquelle il faut prendre la qualification d'*universel* attribuée tout à l'heure au Centre *futur* des trois focalités ou personnalités divines. Ces trois Activités spéciales siégeront à la fois en tous les Êtres dignes de leur servir de demeure ou de temple. Mais elles ne siégeront point évidemment dans les Êtres hyperboliquement constitués, dont l'activité précaire se sera, pour ainsi dire, évanouie dès le principe, comme par la tangente de l'ordre provisoire intellectuel, et qui, dès-lors destinés à subir le joug du seul sens radical, iront éternellement s'enfouir au sein de la matière brute, unique séjour assignable à des Êtres obstinément résolus à ne jamais discerner les abus de la liberté de son usage.

FIN.

TABLE DES MATIÈRES

FIN DE LA TABLE.

www.ingramcontent.com/pod-product-compliance
Lightning Source LLC
LaVergne TN
LVHW022023080426
835513LV00009B/844